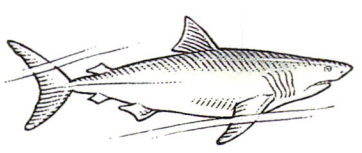 

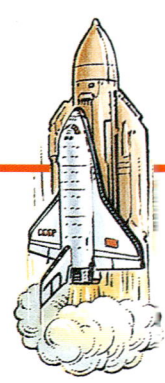    

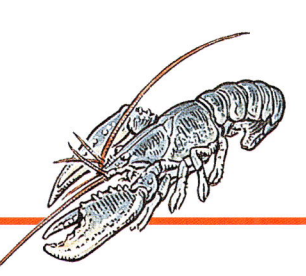

나의 첫 지도책

빌 보일 지음 | 박일귀 옮김

학부모님께

『나의 첫 지도책』은 DK 출판사의 『My First Atlas』의 개정판으로, 아이들에게 세계의 여러 나라와 대륙을 소개하고 지도 읽는 요령을 알려 주기 위해 특별히 제작된 책입니다. 다채로운 그림지도와 사진 자료를 보면서 아이들은 여러 지역의 다양한 특징을 이해하는 능력을 키울 수 있습니다. 각 지역의 기후가 따뜻한지 추운지, 하천과 산맥은 어디에 있는지, 사람들은 어느 지역에서 살면서 일하고 있는지, 농부들이 재배하는 작물은 무엇이고, 그 지역에서 살아가는 동식물은 무엇인지 알게 될 것입니다. 나라들의 차이점을 비교하면서 세계를 바라보는 넓은 시야를 갖게 될 것입니다.

이 책은 페이지마다 풍성한 질문거리를 제공하고 있습니다. 자유로운 질문으로 아이들 스스로 지도에 흥미를 느낄 수 있고, 그림지도를 활용해 세계 여기저기를 돌아다닐 수도 있습니다. 각각의 지도에는 붉은 선으로 여행 경로가 표시되어 있습니다. 이 경로를 따라 가상의 여행을 떠나면서 아이들은 세계 곳곳에서 다양한 정보를 얻을 것입니다. 지도마다 그려져 있는 여행 박스에서는 비행기나 자동차로 여행 경로를 이동할 때 걸리는 시간을 알려 줍니다. 이 정보는 땅의 넓이나 거리에 대한 감각을 키워 줄 것입니다.

이 책 도입부에는 지도가 무엇이고, 우리는 지도를 어떻게, 왜 사용해야 하는지 설명하고 있습니다. 지도와 그 안에 담긴 정보는 아이들이 탐험을 시작하는 출발점이 될 것입니다.

『나의 첫 지도책』은 아이들에게 우리가 살고 있는 이 놀라운 세계에 호기심을 갖도록 하는 데 더할 나위 없이 좋은 책입니다.

지은이 빌 보일
초등학교 교사, 개방 교육 위원회 위원을 거쳐, 맨체스터 대학 교육대학의 연구원으로 재직했다. 왕성한 저술 활동으로 40권이 넘는 지도책을 썼다.

옮긴이 박일귀
중앙대학교에서 역사학과 철학을 공부하고 서강대학교 대학원에서 서양사를 전공해 석사학위를 받았다. 출판사 편집부에서 일했고, 지금은 전문 번역가 겸 프리랜서 편집자로 활동하고 있다. 옮긴 책으로는 『청소년을 위한 친절한 세계사』, 『아들러 개인 심리학 : 행복해지는 관심』, 『그리스 신화밖에 모르는 당신에게』 등이 있다.

나의 첫 지도책
1999년 10월 1일 초판 1쇄 발행
2019년 8월 5일 개정판 1쇄 발행
지은이 빌 보일 | **옮긴이** 박일귀
책임편집 김양희 | **디자인** 디자인디 김태윤
펴낸이 이은엽 | **펴낸곳** 크래들
주소 제주특별자치도 제주시 신대로 14길 24, 802호
출판등록 2015년 12월 24일 | **등록번호** 제2015-000031호
전화 064-747-4988 | **팩스** 064-747-4987 | **이메일** iobook@naver.com
값 13,000원   ISBN 979-11-88413-08-9

DK My First Atlas
Copyright@1994,1999 Dorling Kindersley Limited
A Penguin Random House Company
This Korean language editions is published by arragement with Dorling Kindersley.

본 저작물의 한국어 판권은 Dorling Kindersley와의 독점 계약으로 도서출판 크래들에 있습니다. 한국 내에서 저작권법에 따라 보호를 받는 책이므로 무단 전재 및 무단 복제를 금합니다.

이 도서의 국립중앙도서관 출판예정도서목록(CIP)은 서지정보유통지원시스템 홈페이지 (http://seoji.nl.go.kr)와 국가자료종합목록 구축시스템(http://kolis-net.nl.go.kr)에서 이용하실 수 있습니다. (CIP제어번호 : CIP2019025831)

A WORLD OF IDEAS:
SEE ALL THERE IS TO KNOW
www.dk.com

차례

우리가 사는 세계 8

지도책이란 무엇일까요? 10

세계 지도 12

지도에 관한 모든 것 14

이 책을 보는 방법 16

남극대륙 18
북극 19

캐나다와 알래스카 20

미국 22

중앙아메리카와 남아메리카 24

북유럽 26

중유럽 28

남유럽 30

북유라시아 32

서남아시아 34

동아시아 36

아프리카 38

오세아니아 40

우리가 사는 놀라운 세계 42

용어 풀이 43

나라 찾아보기 44

우리가 사는 세계

우리는 '지구'라는 행성에 살고 있습니다. 커다란 타워로 이루어진 공 모양의 지구는 우주 공간에 둥둥 떠 있지요. 지구, 즉 우리가 사는 세계는 늘 빙빙 돌고 있는데 우리는 그 움직임을 느낄 수 없어요. 우리가 사는 세계는 땅이나 하늘에서 보면 평평하지만 실제로는 둥글답니다. 우주를 여행하는 사람들이 지구를 찍은 사진을 보면 이 사실을 알 수 있어요.

태양계

지구는 태양이라는 항성 주위를 도는 여덟 개의 행성 가운데 하나랍니다. 이 행성들을 모아서 '태양계'라고 부르지요. 여러분은 지구에서 가장 가까운 행성의 이름을 알고 있나요? 그리고 태양에서 가장 먼 행성은 무엇일까요?

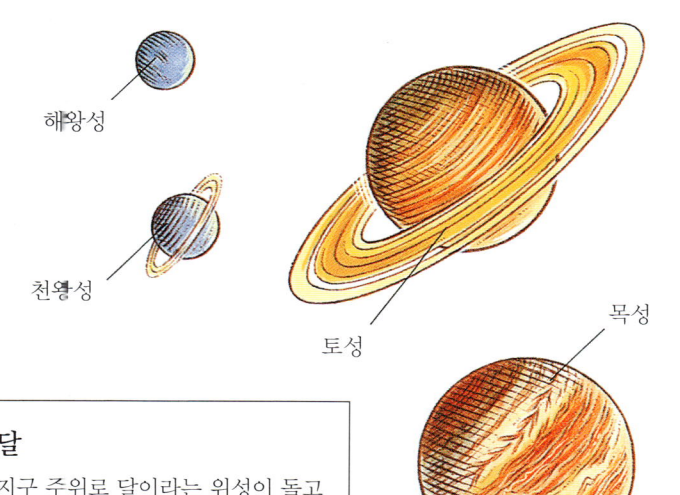

태양

태양은 우리가 살고 있는 지구보다 엄청나게 큽니다. 뜨거운 가스와 불로 이루어진 이 어마어마한 항성은 우리에게 빛과 열을 제공하지요. 지구는 1년 365일 동안 태양 주위를 한 바퀴 돕니다.

달

지구 주위로 달이라는 위성이 돌고 있어요. 지구와 달은 함께 태양 주위를 돕니다. 달이 지구 주위를 한 바퀴 도는 데는 정확히 한 달이 걸립니다.

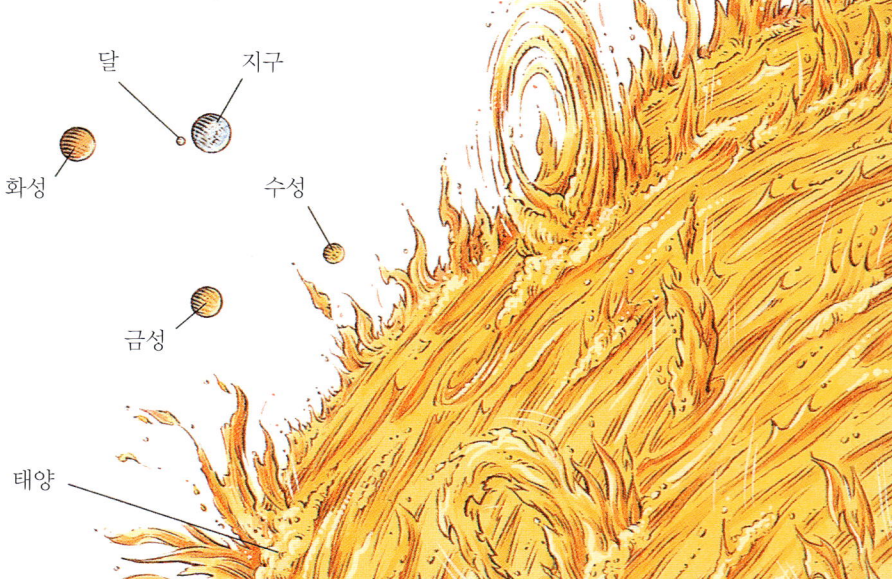

우주에서 본 지구

이 사진은 인공위성에서 찍은 지구의 모습입니다. 지구는 대부분 바다로 덮여 있는 걸 볼 수 있어요. 육지를 자세히 보세요. 어디가 강이고 호수이고 산맥인지 구분할 수 있나요?

인공위성
인공위성은 우주 공간을 떠돌며 여러 정보를 수집해서 지구로 보내는 기계 장치를 말해요.

지구를 바라보기

지구는 너무 커서 먼 우주에서는 둥근 모양만 볼 수 있어요. 이렇게 먼 거리에서는 육지와 바다만 구분할 수 있지요.

지구 내부

사람들은 '지각'이라고 부르는 지구의 표면에서 살아갑니다. 아래 그림은 지구의 일부분을 잘라 낸 모습으로, 지구의 내부를 들여다볼 수 있어요.

지각
지구의 겉을 둘러싸고 있는 얇고 단단한 껍질입니다.

맨틀
지각 아래 있는 액체 상태의 암석으로 이루어진 층이에요.

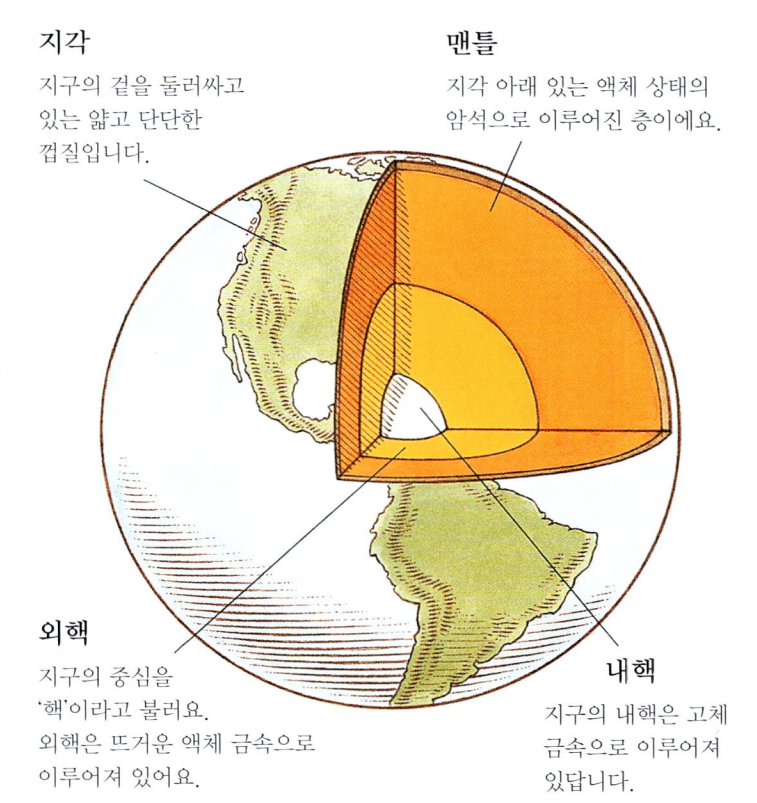

외핵
지구의 중심을 '핵'이라고 불러요. 외핵은 뜨거운 액체 금속으로 이루어져 있어요.

내핵
지구의 내핵은 고체 금속으로 이루어져 있답니다.

도시
비행기에서는 도시를 한눈에 내려다볼 수 있어요.

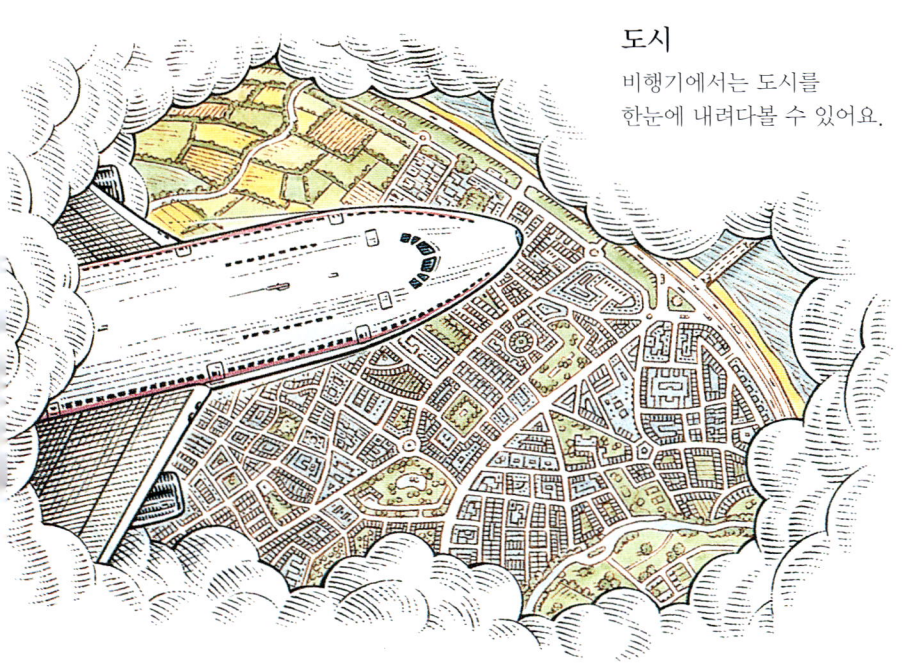

비행기에서 내려다본 광경

비행기 창문 밖으로 아래를 내려다본 적이 있나요? 땅 위에 어떤 것은 너무 작아서 보이지 않지요. 논밭, 마을, 도로, 강은 마치 무늬처럼 보이네요.

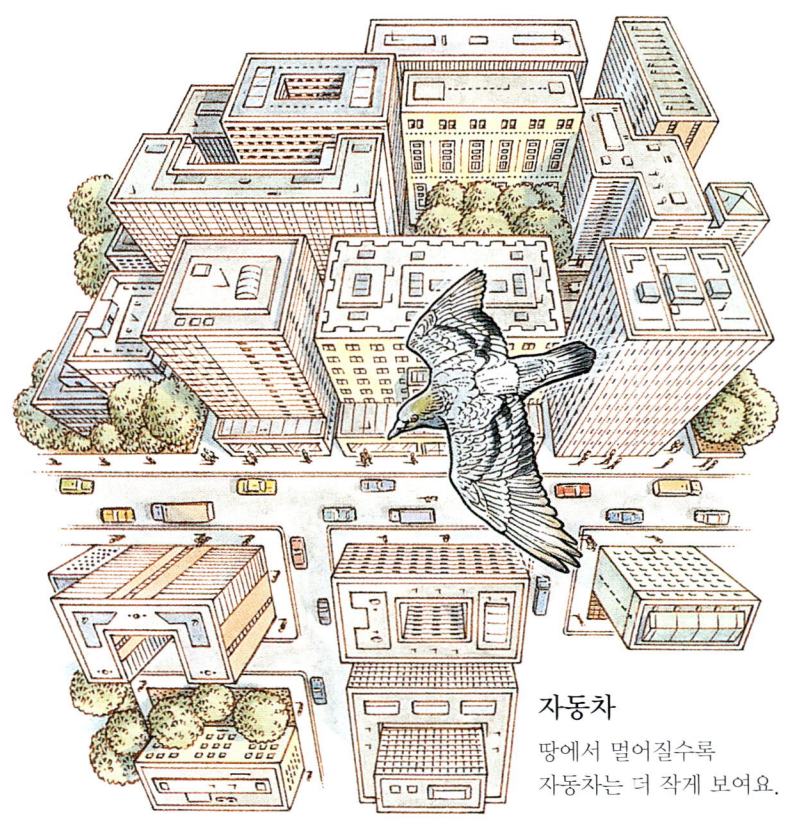

자동차
땅에서 멀어질수록 자동차는 더 작게 보여요.

빌딩 위에서 내려다본 광경

산꼭대기나 고층 건물 꼭대기에서 아래를 내려다본 적이 있나요? 이 높이에서는 모든 것이 작아 보입니다. 심지어 커다란 자동차들도 길 위에 있는 장난감처럼 보여요.

지도책이란 무엇일까요?

지도책은 우리가 사는 세계의 정보를 지도와 그림으로 나타낸 책을 말해요. 이 책은 육지와 바다의 생김새나 크기를 보여 주고 각각의 이름도 알려 줘요. 여기 두 페이지에 나와 있는 지도를 보면 육지는 '대륙'이라고 불리는 큰 땅으로 나뉘어 있고, 바다는 '대양'으로 나뉘어 있지요.

지구본

지구는 보이지 않는 막대기를 중심으로 돌고 있어요. 이 막대기의 맨 위쪽을 '북극'이라 하고 맨 아래쪽을 '남극'이라 불러요. 지구본은 세계를 둥근 모양으로 나타낸 지도랍니다.

적도

지구는 북극과 남극 사이 정확히 중간에 있는 '적도'라는 상상의 선으로 나뉘어 있어요. 적도에서 멀어질수록 추워져요.

세계 지도

이것이 둥근 세계를 평평하게 펼쳐 놓은 지도입니다. 지도는 일곱 개의 대륙을 한꺼번에 보여 주지요. 여러분이 살고 있는 대륙은 어디인가요?

나침반

대부분의 지도는 북쪽이 어디인지 표시되어 있습니다. 북쪽을 알면 여러분이 어느 위치에 있는지 알 수 있어요.

서쪽
서쪽은 저녁에 해가 지는 쪽이에요.

북쪽
나침반 바늘은 항상 북극을 가리켜요.

남쪽
남쪽은 항상 북쪽 반대편이에요.

동쪽
동쪽은 아침에 해가 뜨는 쪽이에요.

나라

오스트레일리아와 남극대륙을 제외한 각 대륙은 여러 나라로 구성되어 있는데, 나라마다 사람들이 사용하는 규칙과 언어가 달라요.

남아메리카

남아메리카대륙은 13개의 국가로 이루어져 있어요.

지도 색깔

나라마다 색깔을 다르게 표시 지도를 읽는 데 도움을 줍니

북아메리카와 남아메리카
북아메리카와 남아메리카는 붙어 있어요.
두 대륙은 북극에서 남극 방향으로 길게 뻗어 있지요.

유럽
유럽은 다른 대륙들에 비해
크기가 작은 대륙에 속해요.

아프리카
아프리카대륙은 아시아와 붙어 있어요.

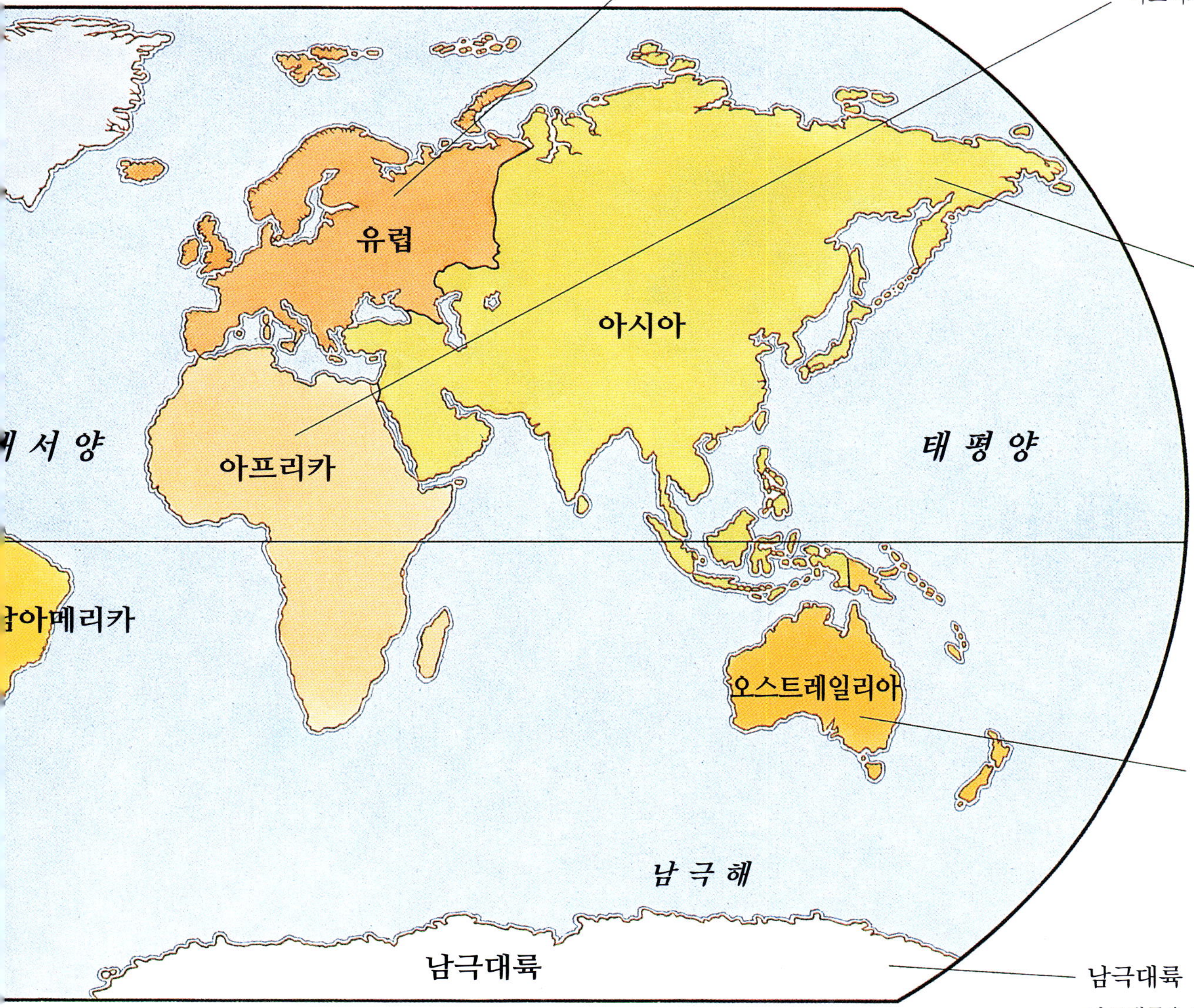

아시아
아시아는 세계에서
가장 큰 대륙이에요.

오스트레일리아
오스트레일리아는 가장 작은 대륙이에요.
여러 섬나라가 둘러싸고 있어요.

남극대륙
남극대륙은 남극 주위로
얼음이 뒤덮은 추운 대륙이에요.

국경
국경은 한 나라와 다른 나라의 경계를 표시하는 선이에요.
어떤 나라들은 강, 호수, 산맥과 같은 자연적인 국경을 두고
나뉘어 있어요.

축척
세계 지도는 우리가 사는 거대한 세계를 나타내는 작은
그림이에요. 지도 위에 나라들은 알맞은 축척에 따라
그려집니다. 축척은 지역 사이의 거리가 얼마나 떨어져
있는지 파악하는 데 도움이 돼요.

비행기로 지구 한 바퀴
비행기로 쉬지 않고 지구를 한 바퀴 돌려면,
한 시간에 800킬로미터를 날아가는 속도로 이틀 넘게 걸립니다.

자동차로 지구 한 바퀴
자동차로 멈추지 않고 지구를 한 바퀴 돌려면,
한 시간에 80킬로미터를 달리는 속도로
약 3주 정도 걸립니다.

자연적인 국경
중국과 인도를 나누는 히말라야 산맥도 자연적인 국경입니다.

세계의 수도들

모든 나라에는 '수도'라고 불리는 중심 도시가 있어요.
44쪽과 45쪽에서 이 지도책에 나오는 모든 나라의
목록과 각 나라의 수도를 확인할 수 있습니다.

지도에 관한 모든 것

길을 찾아갈 때 지도를 사용해 본 적 있나요? 그림지도는 특정 장소에 무엇이 있는지 보여 줍니다. 지도는 어느 지역이나 장소를 평면으로 나타낸 그림을 말합니다. 사람들이 여기저기 돌아다닐 때 길을 안내해 주는 다양한 종류의 지도가 있습니다.

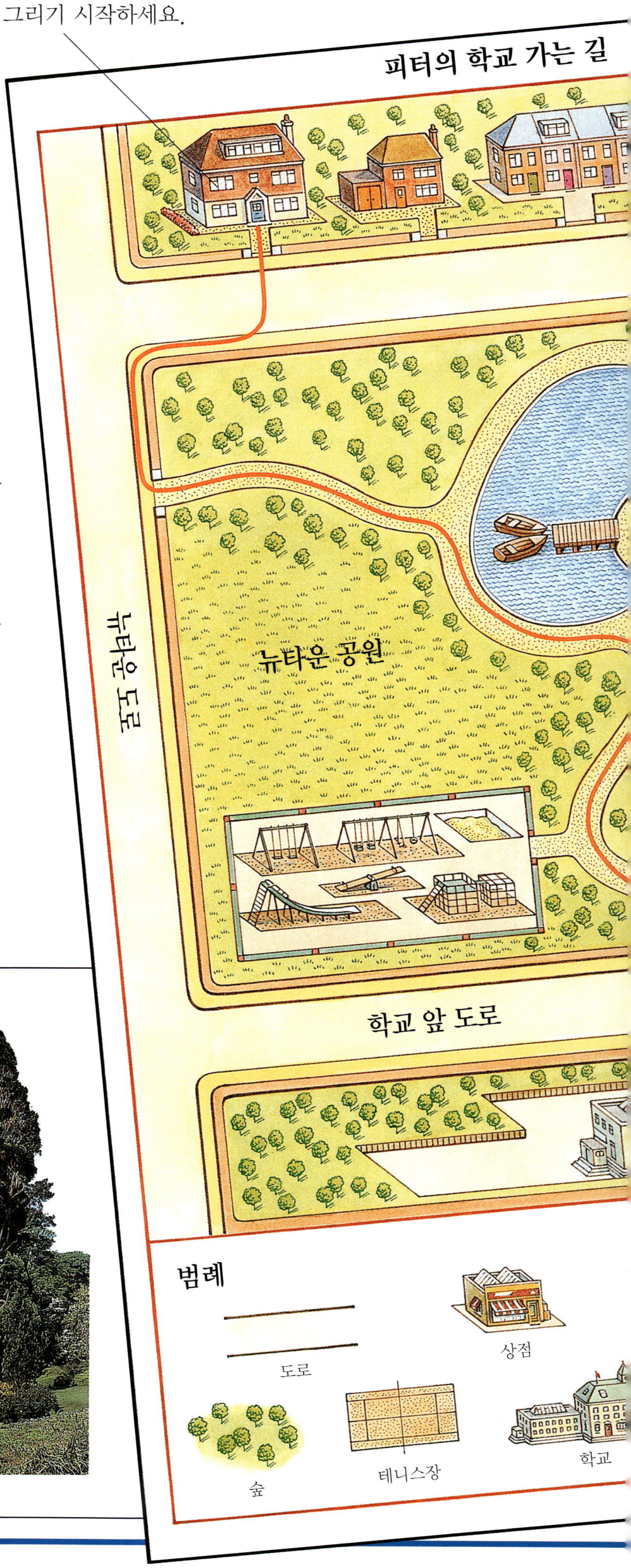

지도 만들기

여러분이 스스로 지도를 그려 보면 지도가 어떤 역할을 하는지 알 수 있을 거예요. 여기에 있는 큰 지도는 피터가 학교에 가는 길을 보여 줍니다.
여러분도 학교나 마을 상점으로 가는 이동 경로를 그려 보세요. 하늘에서 마을을 내려다보고 있는 새가 되었다고 상상하면 도움이 될 거예요. 이동하는 길에 지나치는 것들을 떠올려서 지도 위에 그려 보세요.

이동 경로

집에서 목적지까지 이동하는 길을 지도 위에 색깔 선으로 그려 보세요. 이것이 이동 경로를 보여 줄 거예요. 피터는 학교까지 가는 길에 무엇을 지나칠까요?

범례

대부분의 지도는 어느 장소에 대한 정보를 알려 주기 위해 기호를 사용합니다. 각 기호의 의미는 '범례'라고 불리는 목록에 설명되어 있어요.

나무 표시

피터의 그림 지도에는 나무가 많은 지역을 나타내기 위해 이렇게 나무 표시를 해 놓았어요.

출발지
출발하는 곳에서 이동 경로를 나타내는 선을 그리기 시작하세요.

피터의 학교 가는 길

뉴타운 도로

뉴타운 공원

학교 앞 도로

범례
도로 / 상점 / 숲 / 테니스장 / 학교

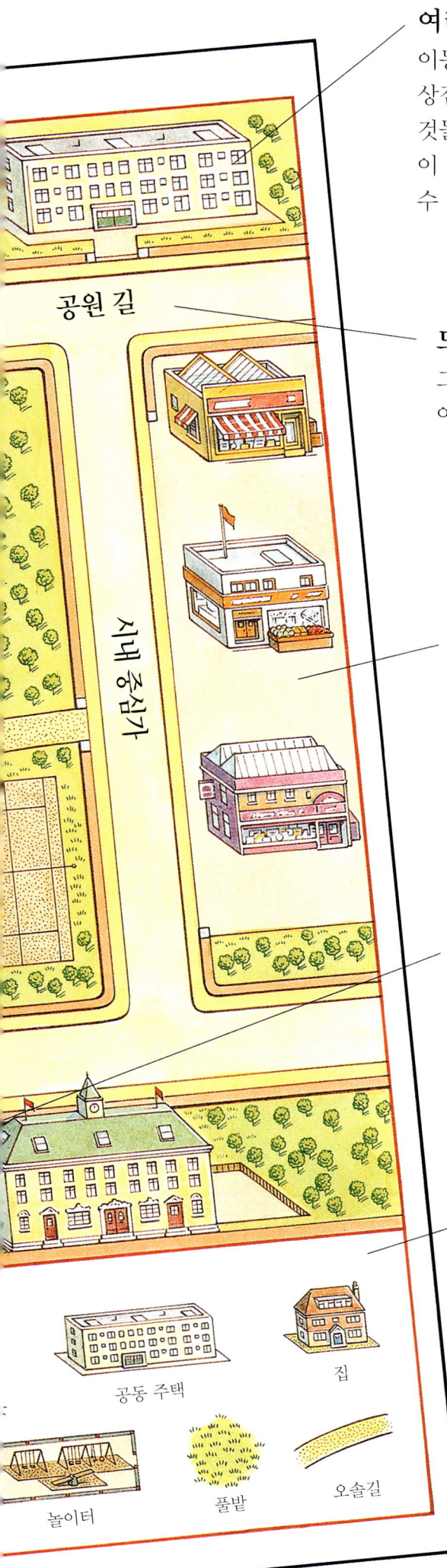

여러분이 보게 되는 것들
이동할 때 공동 주택이나 상점처럼 여러분이 보게 되는 것들을 그려 보세요.
이 기호들은 범례에 포함시킬 수 있어요.

도로 이름
그림지도에 나오는 도로의 이름을 적어 보세요.

지도 색깔
그림지도에 그린 것들을 구별하기 쉽게 색을 칠해 보세요.

도착지
도착지를 표시하기 위해 이동 경로를 나타내는 선에 화살표를 그려 보세요.

범례
그림지도에 사용한 기호의 뜻을 설명하는 범례를 그려 보세요.

지도의 종류
아래에 있는 여러 종류의 지도를 살펴보세요. 누가 각각의 지도에 나오는 정보를 필요로 할까요? 사람들이 이용하는 또 다른 종류의 지도로는 무엇이 있을까요?

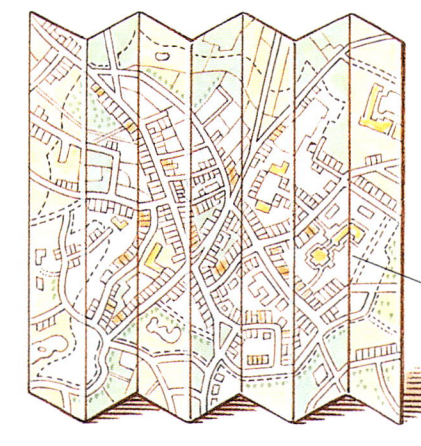

도시 지도
도시 지도에는 도시의 모든 도로와, 시청이나 기차역과 같은 주요 건축물의 이름이 적혀 있습니다.

도시 지도는 접었다가 크게 펼칠 수 있게 만들기도 합니다.

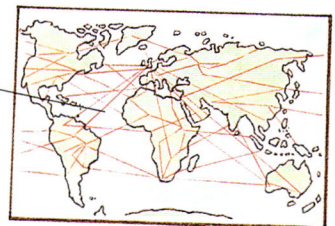

항공 노선도
이 세계 지도는 전 세계의 공항으로 이동하는 비행기의 주요 항공 노선을 보여 줍니다.

지하철 노선도
지하철 노선도는 지하철역의 위치와 대도시를 가로지르는 지하철 노선을 보여 줍니다.

지하철 노선도는 작은 카드 크기만 하게 인쇄되기도 합니다.

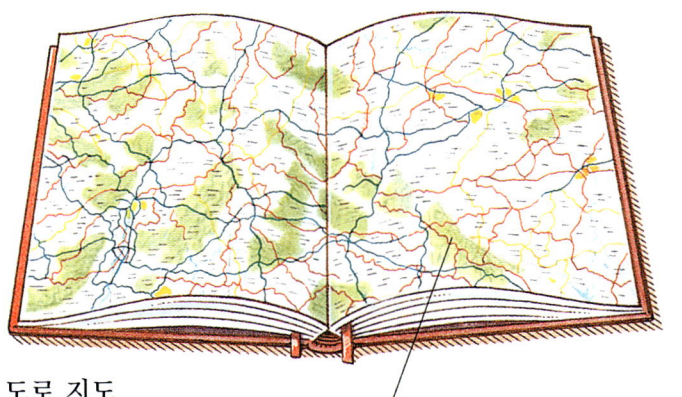

도로 지도
도로 지도는 한 도시에서 다른 도시나 근교로 연결되는 모든 도로를 보여 줍니다.

도로 지도는 도로 지도책에 정리되어 있어요.

이 책을 보는 방법

이 책은 우리가 사는 세계의 여러 지역을 그림지도로 나타냅니다. 대륙별로 기후와 지형뿐 아니라, 그곳에 사는 사람들과 동식물을 표현해 놓았어요.

지도 정보

이 책에는 가운데 있는 서남아시아 지도와 같은 그림지도들이 실려 있어요. 이 페이지에 마련한 설명을 읽으면 지도마다 그려 넣은 정보를 이해하는 데 도움이 됩니다.

위치를 알려 주는 지구본

이 책의 모든 지도에는 지구본이 그려져 있어요. 붉은색으로 표시한 부분은 지도가 나타내는 지역이 지구상에서 어디에 위치하는지 보여 줍니다.

천연자원

지도에 표시된 그림은 석유처럼 각 지역에서 볼 수 있는 천연자원을 나타냅니다.

기후와 지형

각 지역의 기후는 땅의 모양이나 살아가는 사람들, 동식물 등에 영향을 줍니다. 아래의 범례는 각 지도에 나오는 지역이 어떤 종류의 기후와 지형에 해당하는지 알려 줍니다.

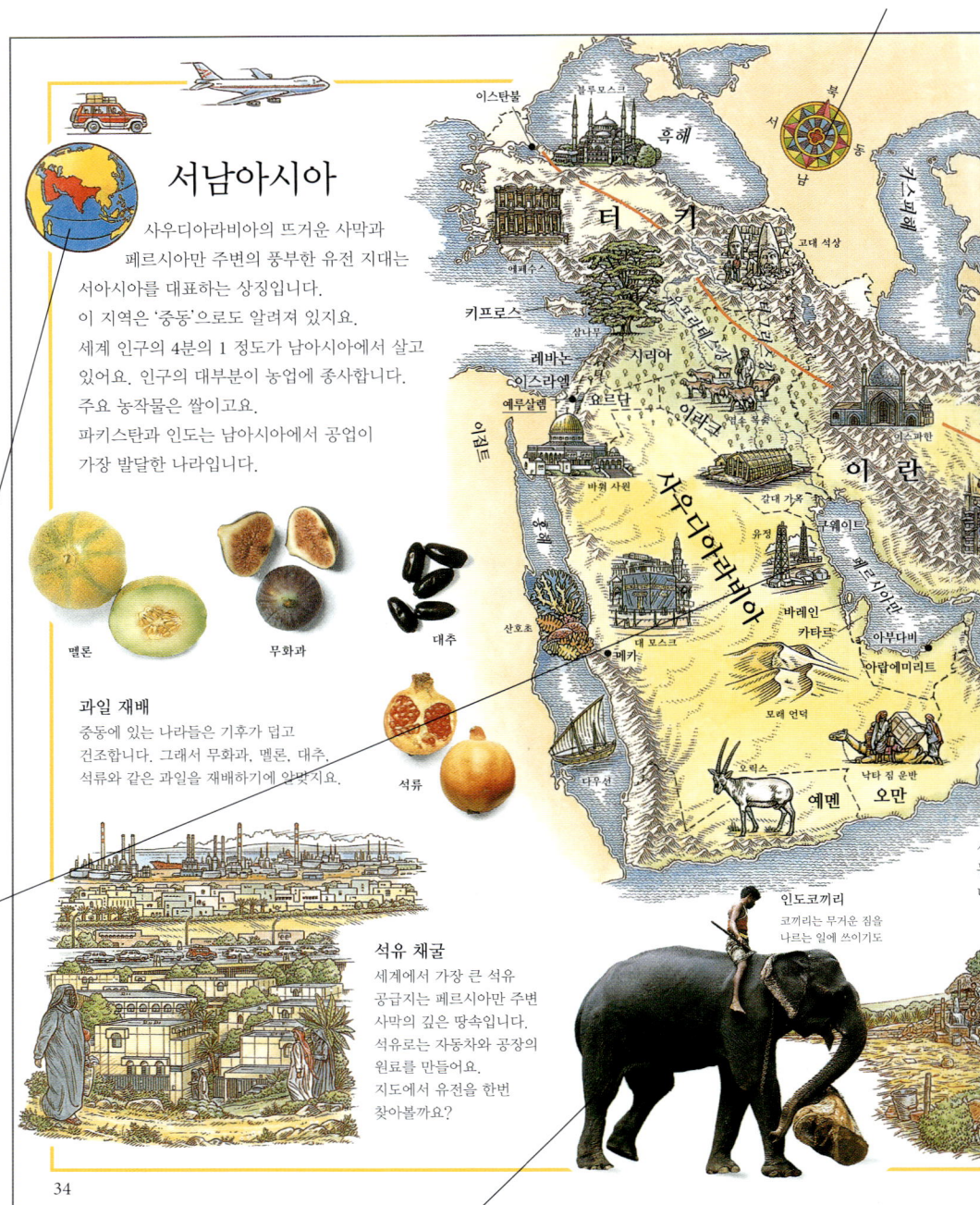

나침반
나침반의 바늘은 항상 북극을 가리키고 있어서, 동서남북의 방향을 알 수 있어요.

서남아시아
사우디아라비아의 뜨거운 사막과 페르시아만 주변의 풍부한 유전 지대는 서아시아를 대표하는 상징입니다. 이 지역은 '중동'으로도 알려져 있지요. 세계 인구의 4분의 1 정도가 남아시아에서 살고 있어요. 인구의 대부분이 농업에 종사합니다. 주요 농작물은 쌀이고요. 파키스탄과 인도는 남아시아에서 공업이 가장 발달한 나라입니다.

과일 재배
중동에 있는 나라들은 기후가 덥고 건조합니다. 그래서 무화과, 멜론, 대추, 석류와 같은 과일을 재배하기에 알맞지요.

석유 채굴
세계에서 가장 큰 석유 공급지는 페르시아만 주변 사막의 깊은 땅속입니다. 석유로는 자동차와 공장의 원료를 만들어요. 지도에서 유전을 한번 찾아볼까요?

인도코끼리
코끼리는 무거운 짐을 나르는 일에 쓰이기도

다채로운 사진 자료
선명한 컬러 사진 자료는 각 지역의 사람들, 건축물, 동식물의 모습을 생생하게 보여 줍니다.

초원
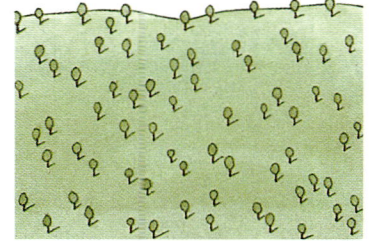
풀과 키 작은 관목이 자라는 평평한 땅입니다. 수많은 동물이 살아가는 서식지이기도 합니다.

열대 우림

적도에서 가깝고 비가 많이 오는 열대 지역에 우거져 있습니다. 덥고 축축한 삼림이지요.

침엽수림

침엽수림은 주로 추운 지역에 생겨납니다. '늘푸른나무'라고도 불리는 침엽수는 일 년 내내 잎이 푸른색을 띱니다.

낙엽수림

낙엽수림은 따뜻한 지역에서 이루어진 삼림이에요. 낙엽수는 가을이 되면 잎이 떨어집니다.

여행 박스
지도마다 한 도시에서 다른 도시로 붉은 선이 그어져 있어요. 그 선만큼의 거리를 여행하는 데 시간이 얼마나 걸리는지 알려 줍니다. 다른 지도의 여행 거리와 비교해 보면, 대륙의 크기가 얼마나 차이 나는지 알 수 있지요.

주변 나라들
주변에 있는 나라들은 옅은 노란색으로 칠해 놓았어요. 이 나라들은 다른 페이지에서 볼 수 있어요.

동물과 식물
각 지역의 야생 동물과 식물을 그림으로 보여 줍니다.

건축물
각 지역의 일반적인 주택과 유명한 건축물을 그림으로 나타냈어요.

사람들이 하는 일
각 지역 사람들이 무엇을 하면서 살아가는지 그림으로 묘사했어요.

농작물과 농목업
각 지역 사람들이 기르는 농작물과 가축을 그림으로 표현했어요.

다음은 어디?
각 지도 끝에 있는 표지판은 다음 페이지에서 살펴볼 지도를 미리 알려 줘요.

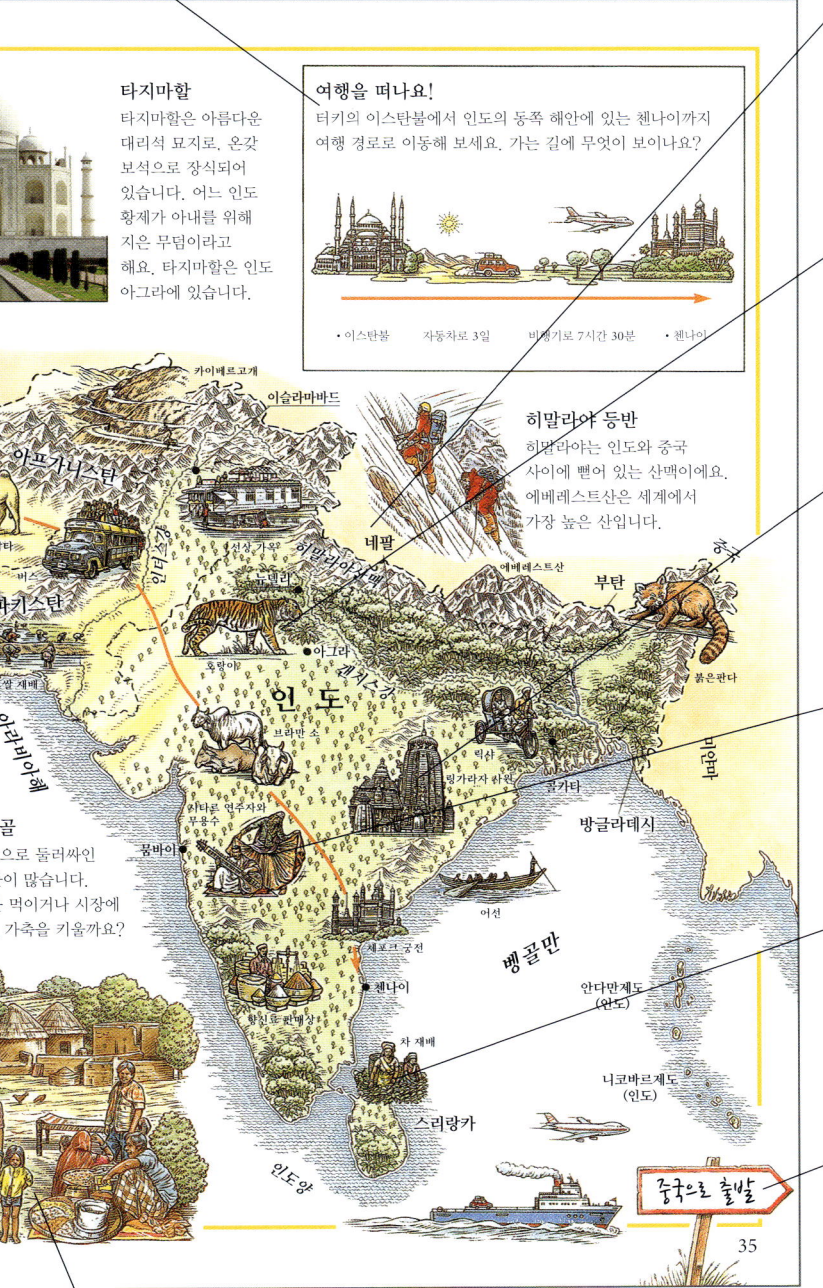

삽화
지도상에 나타난 특정 지역의 사람들이 어떻게 일하며 살아가는지 좀 더 자세하게 보여 줍니다.

눈과 얼음

어떤 곳은 일 년 내내 얼음이 얼고 눈이 내려요. 여름에 얼음이 녹으면 이끼가 자라기도 합니다.

사막
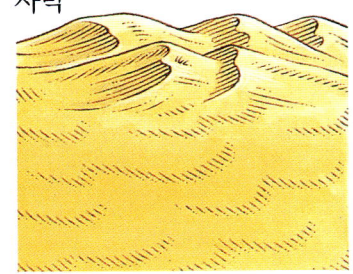
사막은 신선한 물이 거의 없고 날씨가 매우 덥거나 춥습니다. 동물이나 식물은 거의 살 수 없지요.

산지

산지는 암석으로 이루어진 높은 지대입니다. 보통 산꼭대기는 춥고 눈이 덮여 있는 경우가 많아요.

지도 범례
아래 범례는 각 지도에 사용되는 기호들과 그 의미를 보여 줍니다.

인도	나라 이름
	나라 사이의 경계선
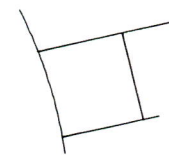	주(州)나 지방 사이의 경계선
뭄바이 ● **뉴델리** ●	도시 수도
 빅토리아호	호수
 콩고강	강
 아라비아해	바다
 캄차카화산	산
 쌍봉낙타	동식물
 바위 사원	유명한 장소
 쌀 재배	사람들이 하는 일

남극대륙

남극대륙은 지구상에서 가장 추운 곳입니다. 두꺼운 얼음과 눈으로 뒤덮인 이 땅은 남극을 중심에 두고 있지요. 온통 얼음으로 덮인 땅 위에서는 작은 곤충들만 살 수 있어요. 여름철에는 해안가에 있는 얼음이 녹습니다. 펭귄이나 다른 동물들은 바닷속에서 생활하고 근처 섬에 보금자리를 잡아요.

여행을 떠나요!
할리 기지에서 뒤몽뒤르빌 기지까지 따라가 보세요.
얼음과 눈 말고는 아무것도 볼 수 없을 거예요.

• 할리 기지   자동차로 2일   비행기로 5시간   • 뒤몽뒤르빌 기지

연구 기지
남극대륙에 사는 사람들은 유일하게 과학자뿐이에요. 그들은 연구 기지에서 지내고 스노모빌이라는 모터 달린 썰매로 이동합니다. 지도에서 연구 기지를 찾아볼까요?

지도 표기:
- 세종과학기지
- 유람선
- 바다표범
- 남극도둑갈매기
- 대서양
- 할리 기지
- 남극 대구
- 흰바다제비
- 황제 펭귄
- 남극대륙
- 아문센-스콧 기지
- 남극
- 바다코끼리
- 크릴새우
- 로스빙붕
- 보스토크 기지
- 태평양
- 턱끈펭귄
- 장보고과학기지
- 흰긴수염고래
- 뒤몽뒤르빌 기지
- 인도양
- 혹등고래

추위를 막는 옷
과학자들은 몹시 추운 날씨 속에서도 몸을 따뜻하게 보호해 줄 특별한 옷을 입어요. 이들은 눈과 얼음으로 뒤덮인 지역에서 야생 생물을 연구하고 암석과 기후를 조사합니다.

북극으로 출발

북극

지구의 북쪽 끝을 '북극'이라고 합니다. 북극 주변에 꽁꽁 얼어붙은 바다와 땅을 '북극 지방'이라고 부르지요. 날씨가 너무 추워서 북극해는 일 년 동안 대부분 얼어 있어요. 남극대륙과 달리 북극 지방에는 많은 종류의 동식물이 살고 있지요.

북극곰
북극곰은 몸을 따뜻하게 보호해 주는 두꺼운 흰색 털가죽을 덮고 있어요.

그린란드
그린란드는 세계에서 가장 큰 섬입니다. 누크라는 도시가 그린란드의 수도랍니다. 대구와 새우잡이가 이 지역의 주요 산업이에요.

빙산
언 바다에서 떨어져 나온 거대한 얼음덩어리를 '빙산'이라고 불러요. 빙산은 물 위로 작은 일부만 보여서 근처를 지나는 배는 매우 위험합니다. 빙산의 대부분이 수면 아래에 숨어 있기 때문이지요.

여행을 떠나요!
북극에서 그린란드의 누크까지 여행해 보세요. 여행하는 동안 얼마나 다양한 동물을 볼 수 있나요?

• 북극   자동차로 2일   비행기로 5시간   • 누크

캐나다와 알래스카

캐나다와 알래스카는 북아메리카대륙의 절반을 차지하고 있습니다. 캐나다는 세계에서 땅이 두 번째로 큰 나라예요. 그러나 인구는 그렇게 많지 않아요. 캐나다 북부 지역이 숲과 호수로 뒤덮여 있고 일 년 중 대부분이 꽁꽁 얼어 있기 때문이지요. 캐나다의 북서 지역에 붙어 있는 알래스카는 미국에서 가장 큰 주에 해당합니다. 이곳에서 엄청나게 많은 양의 석유가 발견되었어요.

벌목
캐나다에서 자라는 수많은 소나무가 벌목되어 통나무로 가공되고 있어요. '목재'라고도 불리는 가공된 통나무는 집을 짓거나 가구를 만드는 데 사용된답니다.

쇄빙선
이 강력한 배는 차가운 북극해에서 만들어진 두꺼운 얼음 덩어리를 깨는 일을 합니다. 지도에서 북극해를 한번 찾아볼까요?

밀 생산
캐나다에서는 '프레리'라고 하는 엄청나게 넓은 평원에서 밀이 생산되고 있어요. 밀을 빻아 만든 밀가루로 빵을 굽기도 합니다. 지도에서 밀밭을 찾아보세요.

콤바인
이 거대한 기계는 밀을 수확할 때 사용합니다.

미국

미국은 세계에서 큰 나라에 속합니다. 미국의 영토 안에는 사막, 산지, 삼림뿐만 아니라 '그레이트플레인스'라는 대평원이 자리하고 있지요. 미국은 총 50개의 주로 이루어져 있고 주마다 주도가 있습니다. 이 책 20쪽에 나오는 알래스카주는 캐나다의 북서쪽에 접해 있답니다.

샌프란시스코
샌프란시스코는 미국 서해안에 있는 도시예요. 도시가 여러 언덕 위에 지어져 있어서 사람들은 케이블카를 타고 가파른 길을 올라갑니다. 어떤 건물들은 지진에 잘 견디도록 설계되어 있답니다.

그랜드 캐니언
그랜드 캐니언은 애리조나주에 있는 협곡이에요. 이 협곡은 로키산맥을 가로지르는 콜로라도강에 의해 만들어졌습니다. 지도에서 그랜드 캐니언을 한번 찾아볼까요?

하와이
미국의 50번째 주는 '하와이'라고 불리는 태평양의 섬이에요. 방문객들은 태평양 바다에서 파도타기를 즐기거나 화산을 구경하기 위해 이곳을 찾습니다.

소 목축
미국의 남부에 있는 넓은 텍사스주는 소 목축으로 유명합니다. 드넓은 초원은 소를 방목하기에 안성맞춤이지요. 지도에서 소 목축하는 사람을 찾아보세요.

여행을 떠나요!
샌프란시스코에서 뉴욕으로 여행을 떠나세요. 여행 중에 몇 개의 주를 지나치나요?

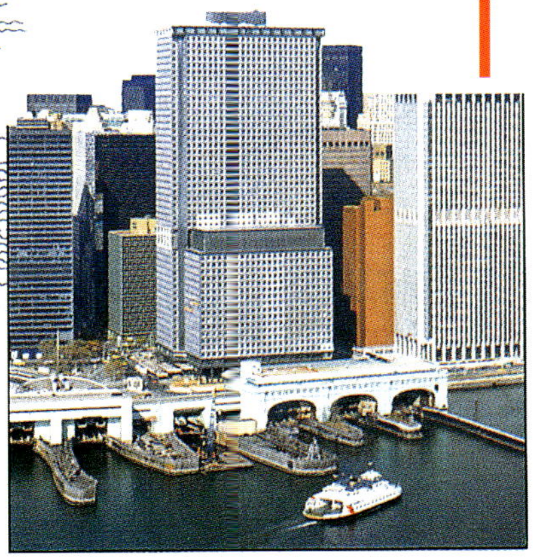

· 샌프란시스코   자동차로 2일 6시간   비행기로 5시간 30분   · 뉴욕

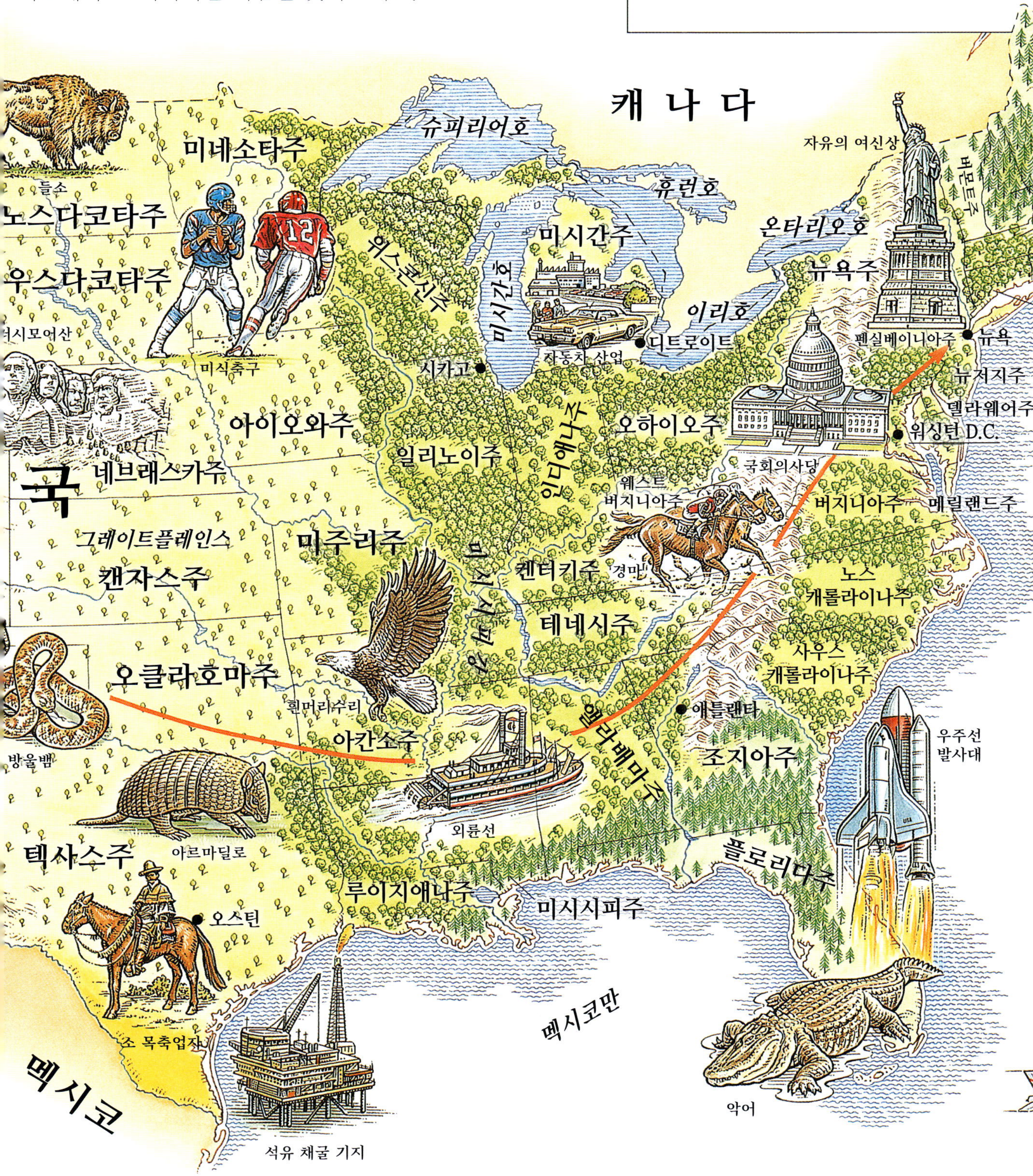

캐나다

들소, 미네소타주, 슈피리어호, 메인주, 자유의 여신상, 버몬트주, 뉴햄프셔주, 매사추세츠주, 노스다코타주, 휴런호, 미시간주, 온타리오호, 보스턴, 로드아일랜드주, 사우스다코타주, 러시모어산, 미식축구, 위스콘신주, 미시간호, 이리호, 뉴욕주, 코네티컷주, 아이오와주, 디트로이트, 자동차 산업, 시카고, 펜실베이니아주, 뉴욕, 미 국, 네브래스카주, 일리노이주, 오하이오주, 뉴저지주, 그레이트플레인스, 미주리주, 웨스트버지니아주, 델라웨어주, 국회의사당, 워싱턴 D.C., 캔자스주, 버지니아주, 메릴랜드주, 켄터키주, 경마, 노스캐롤라이나주, 오클라호마주, 흰머리수리, 테네시주, 사우스캐롤라이나주, 방울뱀, 아칸소주, 애틀랜타, 텍사스주, 아르마딜로, 조지아주, 우주선 발사대, 오스틴, 외륜선, 루이지애나주, 미시시피주, 플로리다주, 소 목축업자, 멕시코, 멕시코만, 석유 채굴 기지, 악어

뉴욕
뉴욕은 미국에서 가장 큰 도시이고 미국 경제의 중심지이기도 합니다. 세계적인 초고층 빌딩들도 있어요.

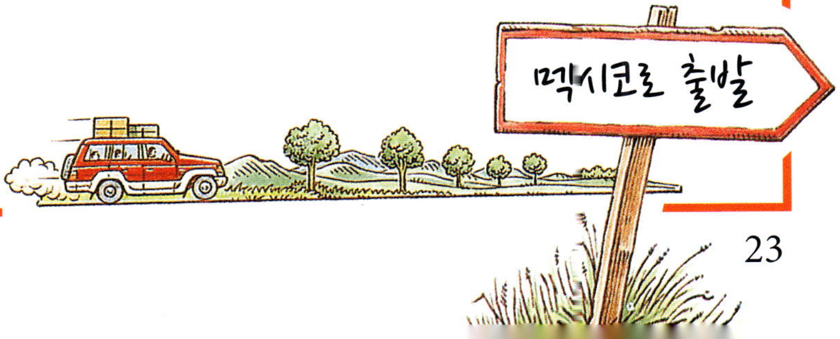

중앙아메리카와 남아메리카

중앙아메리카는 북아메리카와 남아메리카를 연결하는 좁고 긴 땅입니다. 파나마에는 대서양과 태평양을 연결하는 운하가 있어요. 남아메리카는 대부분 열대 우림과 산지, '팜파스'라 불리는 초원으로 이루어져 있지요. 동부들은 바나나, 코코아, 사탕수수, 커피 등을 재배해 돈을 법니다. 세계에서 가장 긴 산맥인 안데스산맥은 남아메리카의 서해안을 따라 쭉 뻗어 있어요.

서인도제도

카리브해에는 수백 개의 크고 작은 섬들이 있습니다. 바다는 대체로 잔잔하지만 가끔씩 '허리케인'이라는 폭풍우가 불기도 합니다.

그레나다의 해변이 아름다워요.

부에노스아이레스

아르헨티나의 수도는 부에노스아이레스입니다. 남아메리카에서 큰 도시에 속하고 주요 항구이기도 하지요. 이 항구 도시에서는 어떤 물건들이 실릴까요?

축구

축구는 남아메리카에서 가장 좋아하는 스포츠예요. 해변이든 도시의 길거리든 어디서나 할 수 있지요.

북유럽

덴마크, 노르웨이, 스웨덴은 '스칸디나비아'라는 지역을 이루고 있어요. 핀란드는 발트해를 접하고 있고 아이슬란드는 대서양에 떠 있지요. 이 지역에는 호수와 숲과 산이 많고 특히 겨울철에는 눈으로 덮여 있습니다. 영국은 잉글랜드, 북아일랜드, 스코틀랜드, 웨일스로 구성되어 있어요. 북유럽은 중요한 천연자원이 많아요. 북해에는 석유와 천연가스가 나오고, 삼림에서는 목재를 얻을 수 있으며, 주변 바다에서는 물고기가 많이 잡힙니다.

런던

런던은 영국의 수도입니다. 영국은 국회의사당에서 법을 만드는데, 웨스트민스터 궁전을 국회의사당으로 사용하고 있어요. 이 건물에는 '빅벤'이라고 하는 유명한 시계탑이 세워져 있지요.

아이슬란드

아이슬란드는 '얼음과 불의 나라'라고 불립니다. 춥고 바람이 많이 부는 이 섬은 거대한 빙상(대륙 빙하)으로 덮여 있으면서도 군데군데 화산이 많이 있어요. 그래서 땅에서 간헐 온천이 솟아오릅니다.

여행을 떠나요!

잉글랜드 플리머스에서 스코틀랜드 에든버러까지 여행 경로를 따라가 보세요. 가는 도중에 무엇을 보게 되나요?

• 플리머스   자동차로 10시간   비행기로 1시간   • 에든버러

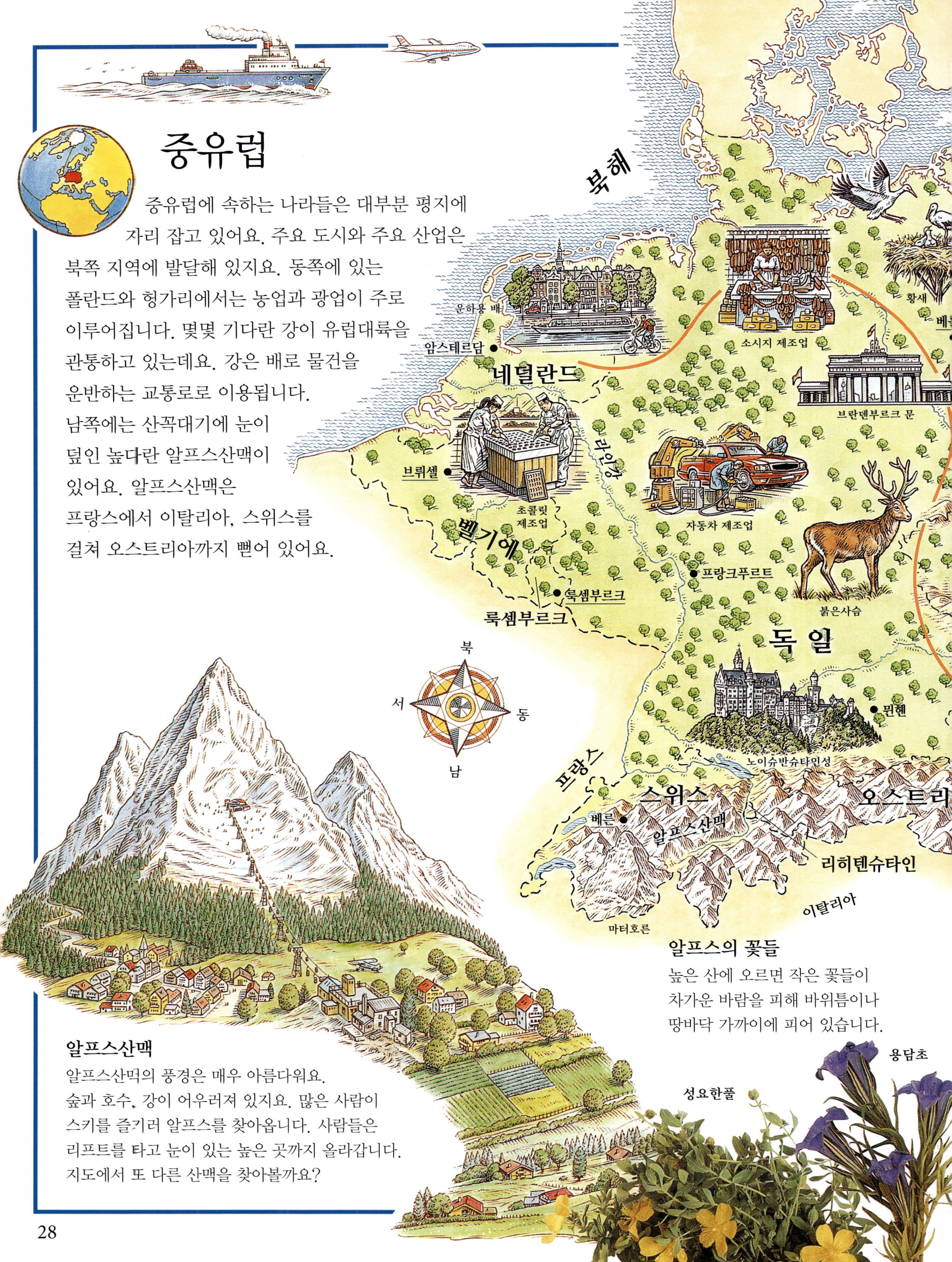

중유럽

중유럽에 속하는 나라들은 대부분 평지에 자리 잡고 있어요. 주요 도시와 주요 산업은 북쪽 지역에 발달해 있지요. 동쪽에 있는 폴란드와 헝가리에서는 농업과 광업이 주로 이루어집니다. 몇몇 기다란 강이 유럽대륙을 관통하고 있는데요. 강은 배로 물건을 운반하는 교통로로 이용됩니다. 남쪽에는 산꼭대기에 눈이 덮인 높다란 알프스산맥이 있어요. 알프스산맥은 프랑스에서 이탈리아, 스위스를 걸쳐 오스트리아까지 뻗어 있어요.

알프스산맥

알프스산맥의 풍경은 매우 아름다워요. 숲과 호수, 강이 어우러져 있지요. 많은 사람이 스키를 즐기러 알프스를 찾아옵니다. 사람들은 리프트를 타고 눈이 있는 높은 곳까지 올라갑니다. 지도에서 또 다른 산맥을 찾아볼까요?

알프스의 꽃들

높은 산에 오르면 작은 꽃들이 차가운 바람을 피해 바위틈이나 땅바닥 가까이에 피어 있습니다.

조선업

조선업은 폴란드에서 중요한 산업입니다. 배는 강철로 만들어지는데, 폴란드에서는 석탄과 철을 채굴해 강철을 만듭니다. 발트해 연안에는 배가 드나드는 항구들이 있습니다. 지도에서 그단스크라는 항구를 찾아볼까요?

풍차

풍차는 바람으로 네 개의 큰 날개를 돌려 동력을 만들어요. 지도에서 풍차를 찾아보세요.

네덜란드 튤립

네덜란드의 평원은 농장 지대로 활용되고 있어요. 많은 농부들이 튤립과 같은 꽃을 재배하고 있지요. 풍차로 퍼 올린 물을 꽃밭에 뿌려 줍니다.

여행을 떠나요!

네덜란드의 암스테르담에서 헝가리의 부다페스트까지 여행 경로를 따라가 보세요. 여행 도중에 여러 나라에서 무엇을 볼 수 있나요?

- 암스테르담   자동차로 20시간   비행기로 2시간   • 부다페스트

포르투갈로 출발

남유럽

유럽의 남쪽 나라들은 유명한 건축물이 있는 역사적인 도시가 많아요. 제철업이나 자동차 제조업과 같은 중요한 산업도 발달했고요. 남부 유럽은 여름에 덥고 건조합니다. 이런 기후 덕에 오렌지, 토마토, 올리브가 잘 자라지요. 프랑스 등 여러 나라에서는 포도를 재배해 프도주를 만들기도 합니다.

해안을 따라서

남유럽의 나라들은 대부분 바다를 접하고 있습니다. 스페인과 포르투갈에서는 많은 사람들이 고기잡이로 생계를 유지하지요. 관광객들은 화창한 해변으로 놀러 옵니다. 그리스의 크레타섬에 있는 관광객들을 찾아볼까요?

수상 스포츠

온화한 지중해에서는 윈드서핑이나 요트와 같은 수상 스포츠가 인기 만점이에요. 사람들은 해안이나 섬 주변에서 요트를 즐깁니다.

여행을 떠나요!

포르투갈 리스본에서 그리스 아테네까지 유럽대륙을 관통하는 여행 경로를 따라가 보세요. 얼마나 많은 나라를 통과하게 되나요?

• 리스본   자동차로 2일 6시간   비행기로 5시간 30분   • 아테네

북유라시아

북유라시아는 유럽의 일부와 아시아의 일부에 해당합니다. 세계에서 가장 넓은 나라인 러시아를 포함해 모두 11개의 나라가 북유라시아에 속해요. 북유라시아의 대부분은 숲과 산지, 그리고 호수로 이루어져 있습니다. 북쪽의 시베리아 지역은 날씨가 무척 춥고, 서남쪽은 훨씬 따뜻합니다. 북유라시아에는 석유, 석탄, 목재와 같은 천연자원이 풍부합니다.

모스크바
많은 관광객이 모스크바의 건축물을 구경하기 위해 몰려듭니다. 특히 상트바실리 대성당은 탑과 화려한 돔으로 유명하지요. 지도에서 모스크바를 찾아볼까요?

농작물 재배
북유라시아에서 농업은 중요합니다. 길고 추운 겨울과 적은 강수량 때문에 농사가 쉽지 않은 편이에요. 밀, 보리, 사탕무, 감자 등이 주요 농작물입니다. 좀 더 따뜻한 남쪽에서는 포도, 차, 멜론 등을 재배합니다.

서남아시아

사우디아라비아의 뜨거운 사막과 페르시아만 주변의 풍부한 유전 지대는 서아시아를 대표하는 상징입니다. 이 지역은 '중동'으로도 알려져 있지요. 세계 인구의 4분의 1 정도가 남아시아에서 살고 있어요. 인구의 대부분이 농업에 종사합니다. 주요 농작물은 쌀이고요. 파키스탄과 인도는 남아시아에서 공업이 가장 발달한 나라입니다.

멜론   무화과   대추

석류

과일 재배
중동에 있는 나라들은 기후가 덥고 건조합니다. 그래서 무화과, 멜론, 대추, 석류와 같은 과일을 재배하기에 알맞지요.

석유 채굴
세계에서 가장 큰 석유 공급지는 페르시아만 주변 사막의 깊은 땅속입니다. 석유로는 자동차와 공장의 원료를 만들어요. 지도에서 유전을 한번 찾아볼까요?

인도코끼리
코끼리는 무거운 짐을 나르는 일에 쓰이기도 합니다.

타지마할

타지마할은 아름다운 대리석 묘지로, 온갖 보석으로 장식되어 있습니다. 어느 인도 황제가 아내를 위해 지은 무덤이라고 해요. 타지마할은 인도 아그라에 있습니다.

여행을 떠나요!

터키의 이스탄불에서 인도의 동쪽 해안에 있는 첸나이까지 여행 경로로 이동해 보세요. 가는 길에 무엇이 보이나요?

• 이스탄불　자동차로 3일　비행기로 7시간 30분　• 첸나이

히말라야 등반

히말라야는 인도와 중국 사이에 뻗어 있는 산맥이에요. 에베레스트산은 세계에서 가장 높은 산입니다.

인도의 시골

인도에는 여전히 논밭으로 둘러싸인 시골에서 살아가는 사람들이 많습니다. 농작물을 재배해 가족들을 먹이거나 시장에 내다 팔지요. 이들은 어떤 가축을 키울까요?

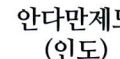

중국으로 출발

동아시아

동아시아는 아시아 대륙의 넓은 부분을 차지하고 있을 뿐만 아니라 섬들도 아주 많아요. 동아시아에서 가장 큰 나라인 중국에는 사막도 있고 티베트 지역에는 높은 산맥도 있습니다. 사람들은 대부분 동쪽 지역에 사는데, 이곳의 토지는 차, 쌀, 밀을 재배하기에 좋지요. 남쪽으로 내려오면 기후가 더워져요. 남쪽 지역에서는 고무나무, 담배, 파인애플 등을 재배합니다.

쌀농사
쌀은 타이나 말레이시아 같은 나라에서 중요한 작물로 꼽힙니다. 몬순 기간의 더운 날씨와 많은 비가 쌀을 재배하기에 좋은 조건이지요. 농부들은 평지를 농사에 이용하거나 산비탈을 계단식으로 깎아 논을 만들어요. 지도에서 타이를 찾아볼까요?

여행을 떠나요!
카슈가르를 출발해 중국을 지나 홍콩까지 가는 여행 경로를 따라가 보세요. 여행 중에 볼 수 있는 흥미로운 구경거리로는 무엇이 있나요?

• 카슈가르   자동차로 3일 6시간   비행기로 8시간   • 홍콩

판다
자이언트판다는 중국 중부의 서늘한 산지에서 살아갑니다. 이 지역에서 자라는 대나무를 먹고 살지요. 번식률이 낮고, 인간의 활동으로 서직지가 감소하여 현재 멸종위기 동물이랍니다. 동아시아에는 또 어떤 동물이 살고 있을까요?

대한민국

아시아 대륙의 북동부에 있는 한반도에 위치해 있어요. 한국의 남쪽과 서쪽은 대부분 평야이고, 동쪽과 북쪽은 산으로 이루어져 있어요. 동해는 해안선이 단조롭고 수심이 깊어요. 서해와 남해는 해안선이 복잡한 리아스식 해안이지요. 대한민국은 국토가 좁은 데 비해 기후대는 매우 다양해요.

서울
대한민국의 수도예요. 한강이 가로지르고 있고, 북한산, 관악산, 도봉산, 인왕산, 청계산 등 여러 산으로 둘러싸여 있어요. 면적은 국토의 0.6퍼센트인데 비해, 인구가 1,000만 명 정도 되는 인구 밀도가 높은 도시예요.

섬
삼면이 바다로 이루어진 만큼 섬도 많아요. 가장 면적이 넓은 섬은 제주도이고, 동쪽 끝에는 독도가 있어요. 왼쪽 사진은 독도랍니다.

갯벌
서해와 남해에서 썰물 때 바닷물이 빠져나가면 갯벌이 드러나요. 갯벌은 다양한 동식물이 서식하는 생태계의 보고랍니다. 대한민국의 갯벌은 세계 5대 갯벌 중 하나로 꼽혀요.

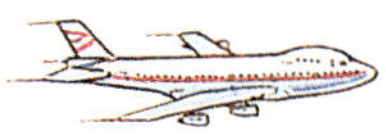

알제리로 출발

아프리카

아프리카는 크기가 거대하고 날씨가 더운 대륙이에요. 아프리카에는 세계에서 가장 큰 사막인 사하라사막이 있지요. 아프리카 사람들은 대부분 농사일을 하는데, 이들이 재배한 작물은 전 세계로 수출되지요. 복잡한 도시에서 살면서 일하는 사람들도 있어요. 아프리카대륙에는 사막, 초원, 밀림 등 다양한 지형이 있습니다. 또 다양한 종류의 새와 동물이 살고 있지요.

사막의 오아시스
오아시스는 사막에서 물이 발견되는 곳이에요. 지도에서 오아시스를 한번 찾아보세요.

모란앵무
열대 우림에는 다양한 종류의 새가 살고 있는데, 모란앵무는 그중 하나랍니다.

땅속의 보물
남아프리카에는 금광과 다이아몬드광이 많아요. 이 지역에서 발견되는 다이아몬드는 대부분 장식용 보석으로 만들어집니다.

강가에 거주하는 사람들
열대 우림에서는 사람들이 강가에서 기둥 위에 집을 짓고 거주합니다. 지도에서 콩고강을 찾아볼까요?

여행을 떠나요!
알제리의 알제에서 남아프리카의 케이프타운까지 아프리카대륙을 가로지르는 여행 경로를 따라가 보세요. 여행 중에 무엇을 볼 수 있나요?

• 알제   자동차로 4일   비행기로 10시간   • 케이프타운

오세아니아

오세아니아는 태평양에 있는 여러 섬나라들을 가리켜요. 오스트레일리아는 그중에서 면적이 가장 넓은 나라예요. 오스트레일리아에는 원래 토착 원주민들이 살고 있었어요. 오스트레일리아는 큰 나라지만, 대부분의 지역이 더운 사막이기 때문에 인구가 그렇게 많지는 않습니다. 사람들 대부분은 좀 더 시원한 해안 근처 도시에서 살고 있어요.

양 목축

오스트레일리아의 중앙 평원을 '아웃백'이라고 부릅니다. 이 건조한 지역에는 양을 키우는 대규모 목장이 있어요. 목장에서 깎은 양털은 다른 나라에 수출하기도 합니다. 지도에서 다른 동물들도 찾아볼까요?

여행을 떠나요!

퍼스에서 시드니까지 오스트레일리아를 통과하는 여행 경로를 따라가 보세요. 여행 중에 무엇을 볼 수 있나요?

• 퍼스　　자동차로 2일 6시간　　비행기로 5시간 30분　　• 시드니

우리가 사는 놀라운 세계

우리가 사는 놀라운 세계에서 최고 기록을 세운 장소들을 살펴봅시다.
그리고 이 장소들을 앞의 지도에서 찾아볼까요?

여러분 이거 아세요?

지구는 시속 1,600킬로미터로 돌고 있어요.

세계에서 가장 큰 빙산은 남극대륙 부근에 있어요.
이 빙산은 벨기에의 전체 영토보다 큽니다.

세계에서 가장 긴 강은 아프리카의 나일강입니다.
강의 길이가 자그마치 6,670킬로미터입니다.

세계에서 가장 큰 삼림은 러시아와 핀란드를 덮고 있어요.
미국 영토의 전체 넓이보다 큽니다.

세계에서 가장 큰 바다는 태평양이에요.
세계의 모든 육지를 합친 것보다 큽니다.

가장 높은 폭포
979미터

가장 높은 간헐 온천
457미터

가장 높은 빌딩
828미터

베네수엘라에 있는 앙헬폭포는 세계에서 가장 높은 빌딩 높이보다 약 150미터가량 높습니다.

뉴질랜드의 간헐 온천은 세계에서 가장 높은 빌딩의 허리쯤까지 물이 솟아오릅니다.

세계에서 가장 높은 빌딩은 아랍에미리트 두바이에 있는 부르즈 할리파입니다.

가장 인구가 많은 도시

2018년을 기준으로 일본 도쿄에는 약 3,746만 명이 살고 있습니다.
세계에서 사람이 가장 많이 모여 사는 도시예요.

동식물이 가장 많은 곳

지구상에 있는 절반 이상의 동식물은 열대 우림에서 살고 있어요.
열대 우림이 파괴되면 이 동식물은 위험해집니다.

해가 가장 많이 비치는 곳

북아프리카의 사하라사막에 해가 가장 많이 비쳐요.

비가 가장 많이 오는 곳

하와이의 와이알레알레산에는 매년 350일 동안 비가 와요.

가장 추운 곳

남극대륙의 보스토크 기지는 너무 추워서 맨살은 단 몇 초 만에 얼어붙어요.

가장 건조한 곳

칠레에 있는 아타카마사막은 가장 건조한 사막으로 유명해요.

용어 풀이

간헐 온천
뜨거운 물이 공중에 높이 뿜었다가 멎었다가 하는 온천이에요.
(26, 41, 42쪽)

광산
석탄, 다이아몬드, 철과 같은 천연자원을 캐낼 수 있는 곳입니다.
(28, 29, 38쪽)

기후
세계 각 지역에서 일 년 내내 보이는 날씨의 패턴을 말합니다. 건기와 우기가 반복되는 열대 기후를 예로 들 수 있지요.
(16, 31, 34, 36쪽)

날씨
비, 바람, 눈, 안개, 맑음은 모두 날씨를 나타내요. 일기예보는 하루 동안 날씨가 어떻게 변할지 사람들에게 미리 알려 줍니다.
(16, 18, 30, 32, 41쪽)

농목업
사람들이 땅을 이용해 곡식을 재배하거나 가축을 기르는 것, 또는 양털, 커피, 고무, 담배와 같은 재료를 생산하는 것을 말합니다.
(17, 24, 25, 28, 29, 32, 34, 35, 36, 38쪽)

대륙
지구상에 있는 일곱 개의 큰 땅덩어리, 즉 아프리카, 남극대륙, 아시아, 오스트레일리아, 유럽, 북아메리카, 남아메리카입니다.
(10, 11, 18, 38, 40쪽)

대초원
나무가 없는 넓은 평원이에요. 캐나다의 프레리가 대초원이지요.
(20쪽)

몬순
인도양 북쪽 근처에 있는 나라들에서 바람이 강하게 불고 비가 많이 오는 시기를 말해요.
(36쪽)

산업
제품을 생산하거나 서비스를 제공하는 것을 말해요. 공업, 광업, 금융업 등 여러 종류의 산업이 있어요.
(28, 29, 30쪽)

섬
사방이 물로 둘러싸인 땅의 일부를 말해요. 어떤 섬은 나우루처럼 아주 작고, 또 어떤 섬은 그린란드처럼 매우 큽니다.
(18, 19, 22, 24, 30, 31, 37, 40, 41쪽)

수도
한 나라에서 가장 중요한 도시예요. 그 나라의 정부는 수도에 위치해 있어요.
(13, 17, 22, 24, 26, 44, 45쪽)

영토
어느 나라나 주가 속해 있는 땅입니다.
(22, 44쪽)

운하
한 곳을 다른 곳과 연결시키기 위해 땅 위에 낸 물길입니다. 이 물길을 따라 배로 물건을 옮길 수 있어요.
(24, 25쪽)

작물
사람들에게 먹을 것을 제공하려고 농부들이 재배한 식물입니다. 한 나라에서 재배한 작물은 다른 나라에 수출하기도 해요. 각각의 작물이 잘 자라려면 알맞은 토양과 기후가 필요합니다.
(16, 32, 34, 36쪽)

적도
북극과 남극 사이에 정확히 중간에 있는 가상의 선을 말합니다. 적도 근처에 있는 나라들은 날씨가 더워요. 적도에서 멀리 떨어진 나라일수록 날씨가 추워집니다.
(10, 11, 12, 16쪽)

주(州)
큰 나라는 행정적인 목적에 따라 여러 주로 나뉘기도 합니다. 예컨대, 네브래스카와 아이오와는 미국을 이루는 50개의 주에 속해 있습니다.
(17, 22, 23쪽)

지방
한 나라의 특정 지역이나 구역을 가리킵니다.
(17, 21쪽)

지진
지표 아래 있는 거대한 암석층이 움직일 때 발생해요. 지진이 일어나면 땅이 갈라지거나 건물이 붕괴될 수도 있어요.
(22쪽)

지형
산맥, 평원, 열대 우림처럼 어떤 특징을 지닌 땅을 말해요.
(16쪽)

평원
나무가 거의 없고 탁 트여 있는 평지를 가리켜요. 보통 풀로 덮여 있지요.
(22쪽)

피오르
노르웨이 해안에 만들어진 길고 좁은 만(灣)입니다.
(27쪽)

항구
바다로 물건을 운반할 수 있도록 항만이 갖추어진 도시나 마을을 말해요.
(24쪽)

허리케인
강한 바람을 동반한 사나운 폭풍우를 가리켜요. 허리케인이 지나간 자리는 무엇이든 큰 피해를 봅니다.
(24쪽)

화산
화산재와 용암으로 만들어진 산을 뜻해요. 용암은 땅속에 뜨거운 열 때문에 액체 상태로 녹아 있던 암석이, 화산이 폭발할 때 분화구를 통해 분출한 것을 가리켜요.
(22, 26쪽)

나라 찾아보기

이 색인은 각 나라가 이 책의 몇 쪽 지도에 나오는지 알려 줍니다. 각 나라 뒤에는 수도를 적어 놓았습니다.

ㄱ

가나, 아크라 12, 38
가봉, 리브르빌 13, 38
가이아나, 조지타운 12, 25
감비아, 반줄 12, 38
과들루프(프랑스), 바스테르 12, 24
과테말라, 과티말라시티 12, 24
괌섬(미국), 아가나 13
그레나다, 세인트조지스 12, 24
그리스, 아테네 13, 31
그린란드(덴마크), 누크 12, 19, 21
기니비사우, 비사우 12, 38
기니, 코나크리 12, 38
기아나(프랑스), 카옌 12, 25

ㄴ

나미비아, 빈트후크 13, 38, 39
나우루, 야렌 13
나이지리아, 아부자 13, 38
남극대륙 12, 13, 18
남수단, 주바 13, 39
남아프리카공화국, 프리토리아 13, 39
네덜란드, 암스테르담 13, 28, 29
네팔, 카트만두 13, 35
노르웨이, 오슬로 13, 26, 27
뉴질랜드, 웰링턴 13, 41
뉴칼레도니아섬(프랑스), 누메아 13, 41
니제르, 니아메 13, 38
니카라과, 마나과 12, 24

ㄷ

대한민국, 서울 13, 37
덴마크, 코펜하겐 13, 26, 27
도미니카공화국, 산토도밍고 12, 24
독일, 베를린 13, 28

ㄹ

라오스, 비엔티안 13, 36
라이베리아, 몬로비아 12, 38
라트비아, 리가 13, 27
러시아, 모스크바 13, 32, 33
레바논, 베이루트 13, 34
레소토, 마세루 13, 39
레위니옹섬(프랑스), 생드니 13
루마니아, 부쿠레슈티 13, 31
룩셈부르크, 룩셈부르크 13, 28
르완다, 키갈리 13, 39
리비아, 트리폴리 13, 39
리투아니아, 빌뉴스 13, 27
리히텐슈타인, 파두츠 13, 28

ㅁ

마다가스카르, 안타나나리보 13, 39
마셜제도, 마주로 13
마케도니아, 스코페 13, 31
말라위, 릴롱궤 13, 39
말레이시아, 쿠알라룸푸르 13, 36, 37
말리, 바마코 12, 13, 38
몰타, 발레타 13

멕시코, 멕시코시티 12, 24, 25
모나코, 모나코 13, 31
모로코, 라바트 12, 38
모리셔스, 포트루이스 13
모리타니, 누악쇼트 12, 38
모잠비크, 마푸투 13, 39
몬테네그로, 포드고리차 13, 31
몰도바, 키시너우 13, 31
몰디브, 말레 13
몽골, 울란바토르 13, 36, 37
미국, 워싱턴 D.C. 12, 22, 23
미드웨이제도(미국) 12
미얀마, 네피도 13, 36
미크로네시아, 팔리키르 13

ㅂ

바누아투, 빌라 13, 41
바레인, 마나마 13, 34
바베이도스, 브리지타운 12, 24
바티칸시국, 바티칸시티 13
바하마, 나소 12, 24
방글라데시, 다카 13, 35
버뮤다제도(영국), 해밀턴 12
베네수엘라, 카라카스 12, 24
베냉, 포르토노보 13, 38
베트남, 하노이 13, 36, 37
벨기에, 브뤼셀 13, 28
벨라루스, 민스크 13, 32
벨리즈, 벨모판 12, 24
보스니아헤르체고비나, 사라예보 13, 31
보츠와나, 가보로네 13, 39
볼리비아, 라파스 12, 25
부룬디, 부줌부라 13, 39
부르키나파소, 와가두구 12, 38
부탄, 팀부 13, 35
북마리아나제도(미국), 사이판 13
북한, 평양 13, 37
불가리아, 소피아 13, 31
브라질, 브라질리아 12, 25

브루나이, 반다르스리브가완 13, 37

ㅅ

사모아, 아피아 12
사우디아라비아, 리야드 13, 34
사우스조지아섬(영국) 12
산마리노, 산마리노 13
상투메프린시페, 상투메 13
서사하라, (모로코의 일부) 12, 38
세네갈, 다카르 12, 38
세르비아, 베오그라드 13, 31
세이셸, 빅토리아 13
세인트루시아, 캐스트리스 12, 24
세인트빈센트그레나딘, 킹스타운 12
세인트헬레나섬(영국), 제임스타운 12
소말리아, 모가디슈 13, 39
솔로몬제도, 호니아라 13, 41
수단, 카르툼 13, 39
수리남, 파라마리보 12, 25
스리랑카, 콜롬보 13, 35
스발바르제도(노르웨이) 13, 19
스와질란드, 음바바네 13, 39
스웨덴, 스톡홀름 13, 26, 27
스위스, 베른 13, 28
스페인, 마드리드 12, 30
슬로바키아, 브라티슬라바 13, 29
슬로베니아, 류블랴나 13, 31
시리아, 다마스쿠스 13, 34
시에라리온, 프리타운 12, 38
싱가포르, 싱가포르 13, 36

ㅇ

아랍에미리트, 아부다비 13, 34, 35
아메리칸사모아(미국), 파고파고 12
아르메니아, 예레반 13, 32
아르헨티나, 부에노스아이레스 12, 24, 25
아이슬란드, 레이캬비크 12, 26
아이티, 포르토프랭스 12, 24

44

아일랜드, 더블린 12, 26	**ㅈ**	**콜롬비아**, 보고타 12, 24	**ㅍ**
아제르바이잔, 바쿠 13, 32	**자메이카**, 킹스턴 12, 24	**콩고**, 브라자빌 13, 38, 39	**파나마**, 파나마시티 12, 24
아프가니스탄, 카불 13, 35	**잠비아**, 루사카 13, 39	**콩고민주공화국**, 킨샤사 13, 39	**파라과이**, 아순시온 12, 25
안도라, 안도라라베야 13, 30	**적도 기니**, 말라보 13, 38	**쿠바**, 아바나 12, 24	**파키스탄**, 이슬라마바드 13, 35
알바니아, 티라나 13, 31	**조지아**, 트빌리시 13, 32	**쿠웨이트**, 쿠웨이트 13, 34	**파푸아뉴기니**, 포트모르즈비 13, 41
알제리, 알제 13, 38	**중국**, 베이징 13, 36, 37	**쿡제도**(뉴질랜드), 아바루아 12	**팔라우**, 멜레케오크 13
앙골라, 루안다 13, 39	**중앙아프리카공화국**, 방기 13, 39	**크로아티아**, 자그레브 13, 31	**페로제도**(덴마크), 토르스하운 12, 26
얀마옌섬(노르웨이) 12	**지부티**, 지부티 13, 39	**크리스마스섬**(오스트레일리아) 13	**페루**, 리마 12, 25
어센션섬(영국), 조지타운 12	**지브롤터**(영국), 지브롤터 12	**키르기스스탄**, 비슈케크 13, 32	**포르투갈**, 리스본 12, 30
에리트레아, 아스마라 13, 39	**짐바브웨**, 하라레 13, 39	**키리바시**, 타라와 12	**포클랜드제도**(영국), 스탠리 12, 25
에스토니아, 탈린 13, 27		**키프로스**, 니코시아 13, 34	**폴란드**, 바르샤바 13, 28, 29
에콰도르, 키토 12, 25	**ㅊ**		**푸에르토리코**(미국), 산후안 12, 24
에티오피아, 아디스아바바 13, 39	**채텀제도**(뉴질랜드) 13	**ㅌ**	**프랑스**, 파리 13, 30
엘살바도르, 산살바도르 12, 24	**체코**, 프라하 13, 29	**타이**, 방콕 13, 36	**피지**, 수바 12, 41
영국, 런던 12, 26	**칠레**, 산티아고 12, 25	**타이완**, 타이베이 13, 37	**핀란드**, 헬싱키 13, 26, 27
예멘, 사나 13, 34		**타지키스탄**, 두샨베 13, 32	**필리핀**, 마닐라 13, 37
오만, 무스카트 13, 34	**ㅋ**	**탄자니아**, 도도마 13, 39	**핏케언제도**(영국), 애덤스타운 12
오스트레일리아, 캔버라 13, 40, 41	**카메룬**, 야운데 13, 38	**터키**, 앙카라 13, 34	
오스트리아, 빈 13, 28, 29	**카보베르데**, 프라이아 12	**토고**, 로메 13, 38	**ㅎ**
온두라스, 테구시갈파 12, 24	**카자흐스탄**, 누르술탄 13, 32	**통가**, 누쿠알로파 12	**헝가리**, 부다페스트 13, 28, 29
요르단, 암만 13, 34	**카타르**, 도하 13, 34	**투르크메니스탄**, 아슈하바트 13, 32	
우간다, 캄팔라 13, 39	**캄보디아**, 프놈펜 13, 36	**투발루**, 푸나푸티 12	
우루과이, 몬테비데오 12, 25	**캐나다**, 오타와 12, 20, 21	**튀니지**, 튀니스 13, 38	
우즈베키스탄, 타슈켄트 13, 32	**케냐**, 나이로비 13, 39	**트리니다드토바고**, 포트오브스페인 12, 24	
우크라이나, 키예프 13, 32	**케이맨제도**(영국), 조지타운 24		
이라크, 바그다드 13, 34	**코르시카섬**(프랑스), 아작시오 31		
이란, 테헤란 13, 34	**코모로**, 모로니 13		
이스라엘, 예루살렘 13, 34	**코소보**, 프리슈티나 13, 31		
이집트, 카이로 13, 39	**코스타리카**, 산호세 12, 24		
이탈리아, 로마 13, 28, 31	**코코스제도**(오스트레일리아), 웨스트섬 13		
인도, 뉴델리 13, 35, 36	**코트디부아르**, 야무수크로 12, 38		
인도네시아, 자카르타 13, 36, 37			
일본, 도쿄 13, 37			

사진 제공

Bryan and Cherry Alexander (21, 왼쪽 위), Christopher Branfield (35, 왼쪽 위), Bruce Coleman/Dr. Frieder Sauer (34, 오른쪽 아래), Chris Fairclough Colour Library (29, 오른쪽 중앙), Greenpeace/Morgan (18, 오른쪽 중앙), Robert Harding Picture Library (19, 오른쪽 아래), Bildagentur Schuster/Kummels (24, 오른쪽 위), Bildagentur Schuster/Schmied (24, 중앙), Philip Craven (31, 왼쪽 위), Adam Woliftt (41, 오른쪽 아래), The Image Bank/Harald Sund (11, 왼쪽 아래), Frank Lane Picture Agency/R.Thompson (14, 중앙 아래), Massey Fergusson (20, 중앙 아래), NASA (8, 왼쪽 아래), Science Photo Library/Tom Van Sant/Geosphere Project/Santa Monica (8~9 위쪽 중앙), Zefa Picture Library (20, 왼쪽 중앙 / 26, 왼쪽 중앙 / 36, 중앙 아래 / 39, 오른쪽 중앙), F.Damm (22, 왼쪽 중앙), Deckert (42, 왼쪽 중앙), Freytag (27, 오른쪽 중앙), Janicek (32, 왼쪽 중앙)